# How to DIY

reparieren
anpassen
umgestalten

Bibliografische Information der Deutschen
Nationalbibliothek: Die Deutsche Nationalbibliothek
verzeichnet diese Publikation in der Deutschen
Nationalbibliografie; detaillierte bibliografische Daten
sind im Internet über dnb.dnb.de abrufbar.
Die automatisierte Analyse des Werkes, um daraus
Informationen insbesondere über Muster, Trends und
Korrelationen gemäß §44b UrhG („Text und Data
Mining") zu gewinnen, ist untersagt.

© 2024 Constanze Ohlrogge
Herstellung und Verlag: BoD – Books on Demand,
Norderstedt
ISBN 978-3-7597-3725-0

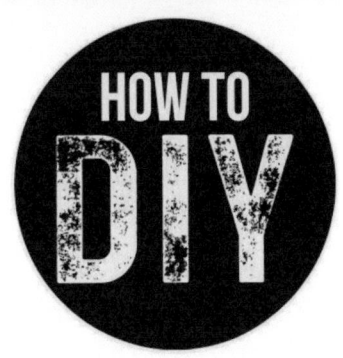

Wer bin ich?

Geboren 1975 im Landkreis Karlsruhe, lebe ich heute mit meinem Mann, unseren 4 Kindern und unserem Hund im Hohenlohischen.
Ich bin schon immer begeisterte Selbermacherin und bekomme immer wieder gesagt, wie toll es ist, was ich alles kann. Also liegt es Nahe, das alles aufzuschreiben, denn das, was ich mache, ist nicht unbedingt schwer, das können andere auch. Meist mangelt es ja eher an Mut und dem nötigen KnowHow und eventuell an den Ideen als am praktischen Talent zur Umsetzung.
Das wird sich mit dieser Lektüre auf jeden Fall ändern!

Warum dieses Buch?

Ich bin der festen Überzeugung, dass in Zukunft Reparieren und Erhalten nicht nur im Bezug auf Nachhaltigkeit eine immer größere Rolle spielen muss, unser Planet kann unseren dauernden Konsum nicht mehr verkraften. Also gilt es schon vorhandenes zu erhalten und für unsere eigenen

Zwecke nutzbar zu machen.

Zudem, was gibt es schöneres, als nach getaner Arbeit ein absolutes Einzelstück zu haben, das perfekt zum eigenen Geschmack und Stil passt?

So vieles ändert sich im Verlauf eines Lebens, der Geschmack, die Lebensumstände und Bedürfnisse, die Figur und das Budget, da wäre es doch gut, wenn uns mache Dinge ein bisschen länger als eine Saison begleiten und wir sie öfter an das gerade benötigte anpassen könnten, oder nicht?

Genau das versuche ich mit diesem Buch zu ermöglichen.

Über dieses Buch:

Ich habe das Buch grob in drei Bereiche aufgeteilt, Möbel, Textil und Deko, erkennbar immer am Grünton des Punktes. Jeder Bereich hat ein allgemeines Vorwort, in dem ich Werkzeuge, Zubehör und die Basics etwas erläutere.

Auch vor jedem Projekt werden kurz die Werkzeuge und Materialien aufgelistet. Ich bemühe mich, das ganze so zu gestalten, dass möglichst wenig neu gekauft werden muss (was dem Gedanken von Upcycling ja doch widerspricht) aber ganz lässt es sich nicht vermeiden - zumal bei uns durch Hausbau und viel Bastelei vermutlich mehr Material vorhanden ist als im Durchschnittshaushalt.

Aber ein kleiner Tipp, wenn sie ein Projekt starten wollen und ihnen Material oder Werkzeug fehlt, das nicht immer wieder gebraucht wird: Fragen sie mal in ihrem WhatsApp Status danach, sie werden erstaunt sein, wie wenig sie noch kaufen müssen...

Und jetzt bleibt mir nur noch viel Spaß beim Schmökern zu wünschen und vor allem bei ihren eigenen Projekten!

Herzlichst

Ihre

*Constanze Ohlrogge*

**Möbel**

Holzmöbel aufzubereiten gehört zu den schönsten DIY oder Upcyclingarbeiten, die ich kenne. Schon mit ganz einfachen Mitteln und Werkzeugen erzielt man großartige Ergebnisse.

Wichtigste Werkzeuge sind hier

### Säge
- absolutes MustHave im Werkzeugkoffer ist die Stichsäge, gerade für feinere Arbeiten oder Rundungen.

### Akkuschrauber mit Holzbohrern in verschiedenen Stärken
- wichtiges Allroundtalent, mit dem man nicht nur bohren und schrauben, sondern mit den richtigen Aufsätzen auch Vertiefungen z.B. bei Schubladen anschleifen kann.

### Schleifmaschine
- ich benutze meist einen Dreiecksschleifer, arbeite aber beim anrauen vor dem Schleifen auch oft nur mit Schleifschwamm, Stahlwolle oder Messingbürste, gerade wenn ein Möbelstück nachgeölt wird reicht das oft aus.

Wenn man das Holz lackieren möchte, genügt es, die Oberfläche anzuschleifen, aber mindestens das ist ein Muss, auch wenn manche Hersteller etwas anderes bewerben, der Grundanschliff ist für die Haltbarkeit der Farbe unabdingbar.

Hölzer, die man neu ölen oder wachsen möchte, werden immer komplett abgeschliffen. Je nach Zustand der Möbel fängt man hier mit 80er oder 120er Schleifpapier an und arbeitet sich mindestens bis 240er Körnung hoch. Geschliffen wird grundsätzlich in Richtung der Faser, sofern das möglich ist (bei kleineren Flächen oder Kanten geht das nicht immer) damit das Holz nicht beschädigt wird.

Zum Ölen kann man im Farben- oder Holzfachhandel bereits pigmentierte Öle kaufen, für den Hausgebrauch oder zum Auffrischen kann man aber auch ganz normales Sonnenblumen- oder Olivenöl verwenden. Dies ist zudem lebensmittelecht, was gerade bei Esstischen oder Holzbrettern sehr wichtig ist.

Für das erste Projekt suchen sie sich doch ein Kleinmöbel wie eine Minikommode oder einen alten Hocker und probieren sie sich daran.
Haben sie immer im Hinterkopf, bei jeder Reparatur, sie können oder wollen das Stück so, wie es ist, nicht mehr verwenden, also können sie nicht viel kaputt machen.

Nur Mut!

## Antiker Stuhl

Werkzeuge und Zubehör

- Cuttermesser
- schmale Holzleisten
- Schichtbrett 1cm stark
- Schaumstoff für Sitzfläche
- Stoff für Sitzfläche
- Farbrest für die Leisten
- Holzschleifstaub und Holzleim

1. Schritt

An der Rückseite der Lehne fehlte ein Stück Furnier. Da ich kein solches zur Hand hatte, habe ich zu einem Trick gegriffen: farblich passende Holzfeilung, die von einem anderen Projekt übrig war wurde mit Leim vermischt und auf die Stelle aufgespachtelt. Nach dem Trocknen wurde die Stelle überschliffen. So fällt die Stelle farblich nicht mehr auf.
Der gesamte Stuhl wird mit einer feinen Drahtbürste angeraut und im Anschluss geölt.

## 2. Schritt

Das Wiener Geflecht war leider sowohl an der Sitzfläche als auch an der Lehne beschädigt und musste entfernt werden. Da der Ausschnitt der Lehne so klein ist, kann man ihn ohne Komfort einzubüßen frei lassen. Um die Löcher des Geflechtes zu überdecken werden die schmalen, halbrunden Holzleisten zuerst in der Wunschfarbe gestrichen und nach der Trocknung passend auf Gehrung gesägt und aufgeleimt.

## 3. Schritt

für die Sitzfläche habe ich ein 1cm starkes Schichtholz passend dem Ausschnitt zugesägt. Die Kanten werden mit Schmirgelpapier oder Schleifmaschine leicht gebrochen. Im Anschluss wird der Schaumstoff passend zugesägt und mit dem ausgesuchten Stoff überzogen. (Details zum Polstern einer Sitzfläche gibt es auf den nächsten Seiten)
Die Sitzfläche wird in diesem Fall nur in den Ausschnitt aufgelegt.

## Stuhl polstern

Werkzeuge und Zubehör

- Schaumstoff in gewünschter Stärke
- Polstervlies
- Schere
- Polsterstoff
- Nesselstoff oder ähnliches
- Handtacker

### 1. Schritt

Zuerst wird die alte Polsterung komplett entfernt. Hier haben wir einen sogenannten Federkorb in einem Holzrahmen, dieser muss von oben mit einem stabilen Stück Stoff überspannt werden, bevor der Schaumstoff aufgelegt wird. Ich habe hierzu einfach den alten Überzug genommen.

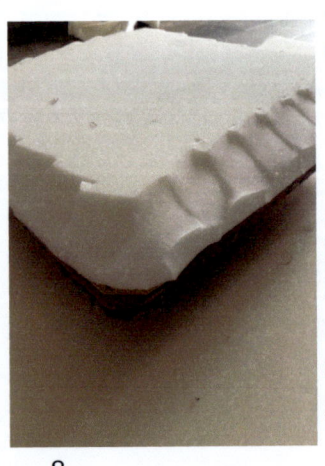

### 2. Schritt
Der Schaumstoff wird auf die Größe des Holzrahmens zugeschnitten. Da ich relativ dicken Schaumstoff habe, empfahl es sich, die Kanten abzuschrägen. Schöner wird der

Zuschnitt übrigens mit einer elektrischen Küchenschere, aber am gepolsterten Stuhl fällt das nicht ins Gewicht, eine Schere tut es auch.

3. Schritt
das Polstervlies wird über den Schaumstoff gespannt. Das ist wichtig, um das Durchscheuern des Stoffes durch den Schaumstoff zu verhindern. Gestartet wird hier immer in der hinteren Mitte und nach Vorne gerade gespannt. Dann die Vorne und Hinten fest getackert, dann die Seiten genauso. Die abgerundeten Kanten werden in möglichst kleine Fältchen gelegt.

4. Schritt
Stoffzuschnitt: Polsterstoff ist meist nicht ganz günstig, deshalb sollte man ihn möglichst sparsam zuschneiden. Faustregel ist hier Sitzfläche plus Polsterhöhe umlaufend plus 3 bis 5 cm Überstand, ja nachdem, ob der Stoff ausfransen kann (dann muss ich ihn umgeschlagen fest tackern)
Bezogen wird das ganze wie beim Vlies auch schon, hier noch mal deutlich auf das Muster achten, wenn eines

vorhanden ist.
Sollte der Stoff etwas zu dick
auftragen, was gerade bei den
Rundungen mal vorkommt, kann man
ihn mit einem Gummihammer etwas
plätten, damit der Federkorb wieder in
den Rahmen passt.

5. Schritt
Platz nehmen und entspannen!

# Wiener Geflecht erneuern Idee 1

Werkzeuge und Zubehör

- Wiener Geflecht
- Heißkleber
- Bordüre oder Posament
- Cuttermesser
- Wanne zum Einweichen des Geflechtes
- Handtacker
- Zange

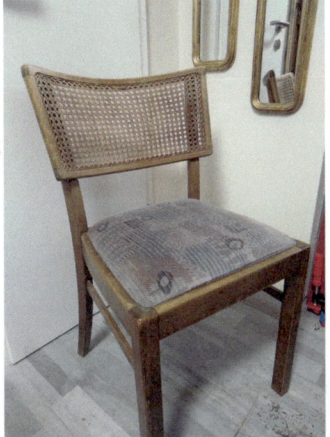

Man kann Wiener Geflecht auch selbst erneuern, aber ohne Übung ist das nicht ganz so einfach, zudem sehr zeitaufwändig. Netterweise kann man das Geflecht in größeren Stücken kaufen, was für viele DIY Projekte ein tolles Material ist. Hier kommt es als neue Stuhllehne zum Einsatz!

## 1. Schritt
Das alte beschädigte Geflecht wird möglichst sauber von der Lehne geschnitten und restliche Einzelfäden mit einer Zange entfernt. Derweil wird das Geflechtstück in einer Wanne mit Wasser eingeweicht (nicht zu lange, sonst färbt sich das Ratten dunkel)

## 2. Schritt

Das gewässerte Geflecht wird auf die Lehne aufgelegt und angetackert. Ähnlich wie beim Polstern wird oben in der Mitte angefangen und das Stück gerade nach unten ausgerichtet, gespannt und getackert. So geht es jetzt rundherum, bis die Lehne komplett fest ist.

## 3. Schritt

Nach Trocknung des Geflechts nach ein paar Stunden wird der Überstand mit einem scharfen Cuttermesser abgeschnitten. Falls nötig, kann auch nochmal in Teilen beim tackern nachgebessert werden.

## 4. Schritt

Um die Tackerklammern zu verdecken wird ein Band oder Posament mit der Heißklebepistole ringsum angeklebt.

## 5. Schritt

Während der Trocknungszeit hat die Sitzfläche ein neues Polster bekommen. So kann der Stuhl doch nochmal ein paar Jahrzehnte zum Einsatz kommen, oder?

## Wiener Geflecht erneuern Idee 2

Werkzeuge und Zubehör

- Velourlederband 2,5mm oder ähnliches
- Kleber
- Schere
- Stopfen zum Fixieren
- Haarnadel zum Flechten
- schmaler Schraubendreher

Wer sagt denn, das Wiener Geflecht immer aus Rattan sein muss?
Weil ich mit dem Material Rattan noch nicht so vertraut bin, dass ich mich an eine Stuhllehne wagen könnte, habe ich das Muster einfach in einem Textilband geflochten. Es sollte allerdings nicht breiter als 2,5mm sein, sonst werden die Löcher zu eng (bei einer Erneuerung wie hier, wenn ihr die Löcher selbst setzt dann könnt ihr den Abstand ja entsprechend anpassen)
Die hier vorliegenden Stühle hatten das Rattangeflecht in sogenannten Sacklöchern fixiert, solltet ihr durchgebohrte Löcher haben, dann wird der Faden durchgezogen und nur am Anfang und Ende festgeklebt.

14

## 1. Schritt
Das alte beschädigte Geflecht wird möglichst sauber von der Lehne geschnitten und restliche Einzelfäden mit einer Zange entfernt. Die Löcher, in denen ein Splint steckt (das war hier jedes 2.) werden mit einem Bohrer ausgebohrt.

## 2. Schritt
Nun beginnt man an einer Seite (oben oder unten)  und klebt jeweils einen Faden in einem Loch ein und fixiert sie mit den Stopfen zum Trocknen. Die Eckbohrungen bleiben frei. Das Geflecht beginnt man immer mit den geraden Fäden, also wird auch bei uns der Faden auf der anderen Seite in das gegenüberliegende Loch gespannt, geklebt und fixiert. Nach jedem Kleben gut trocknen lassen!

## 3. Schritt
Die Fäden von der Seite werden bei einer gerade Fläche einfach über die ersten Fäden gelegt, da meine Lehne aber eine Rundung hat habe ich sie aber eingeflochten, also einmal über, einmal unter den Faden gelegt. Wieder auf beiden Seiten festkleben und fixieren, bis der Kleber getrocknet ist.

## 4. Schritt
Die zweite Runde vertikale Fäden. Hier müsst ihr jetzt schauen, dass der untere senkrechte Faden links liegt, der obere rechts. Es muss natürlich immer der fehlende Faden ergänzt werden.

## 5. Schritt
Bei der zweiten Runde horizontale Fäden wird jetzt gewebt, der Faden liegt unterhalb des ersten waagerechten und wird entgegengesetzt diesem geflochten, sprich, wenn der erste Faden unter dem senkrechten liegt liegt der zweite darüber und anders herum. So langsam beginnt man das Endmuster zu erahnen!

## 6. Schritt
Jetzt fangen die Diagonalen an. Da hier so langsam eng wird, habe ich mir mit einem kleine Hilfsmittel beholfen: ich habe das Band in eine Haarklammer gesteckt, damit ich wie mit einer Art Nadel durch das Geflecht weben konnte. Gewebt wird in eine Richtung über beide senkrechten und unter beiden waagerechten hindurch. Die

zweite diagonale genau umgekehrt, also unter beide senkrechte und über beide waagerechten.

## 7. Schritt
Für die Umrandung nimmt man ein ausreichend langes Stück Band und befestigt es in einer der freien Eckbohrungen. Mit etwas Kleber wird das Band mit Hilfe eines schmalen Schraubendreher in jedem Loch eingeklebt.

## 8. Schritt
Einfach mal ein bisschen stolz auf sich sein und vielleicht in das nächste Projekt mit farbigem Band planen. Das wäre doch auch eine Idee, oder nicht?

## Herrensessel aufarbeiten

Werkzeuge und Zubehör

- Schleifmaschine und Schleifaufsätze
- Lacklasur Birke
- alte Jeanshosen
- Polstervlies und altes Bettinlett
- Tacker

Manchmal gibt es auch bei mir Fehlkäufe bei den Kleinanzeigen. Auf den Anzeigenfotos und auch bei der Besichtigung, wo der Stuhl in einem großen Raum stand, wirkte er lange nicht so massiv, wie bei mir zu Hause. Also wollte ich eine Möglichkeit finden, den Stuhl leichter wirken zu lassen.

1. Schritt
Das Stuhlpolster habe ich rausgenommen und den Stuhl erstmal gut abgeschliffen, wodurch die dunkle Farbe abgenommen wurde.
Anschließend habe ich den Stuhl mit heller Lacklasur (Birke, also fast weiß) gestrichen, nach Trocknung erneut mit feiner Körnung abgeschliffen und eine zweite Schicht Lasur aufgetragen.

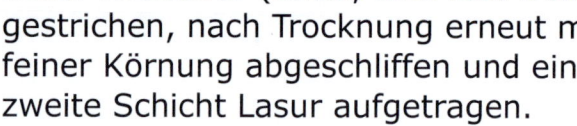

2. Schritt
Die geschnitzten Vertiefungen habe ich nur mit einer Drahtbürste angeraut und nicht weiter geschliffen, sondern mit

Dispersionsfarbe in zwei Blautönen bemalt. So kommen sie noch mehr zur Geltung und es erspart einem viel intensive Fusselarbeit.

## 3. Schritt

Das dunkle Leder des Stuhlpolsters war leider in sehr schlechtem Zustand und auch nach dem Einfetten nicht mehr zu retten. Also habe ich aus mehreren alten Jeanshosenbeinen Streifen geschnitten und parallel aneinander genäht. Einen breiten Streifen habe ich mit Siebdruck bedruckt (mehr dazu im Kapitel Textil) und dieses so entstandendene Stoffstück wurde als Bezug verwendet.
Zur Polsterung habe ich ein altes Stück Bettinlett verwendet.

## 4. Schritt

Obwohl er jetzt deutlich leichter wirkte, hat er hier immer noch nicht richtig reingepasst, also habe ich ihn über die Kleinanzeigen an eine sehr nette Person verkauft, die sich gerade ein Lesezimmer im Urlaubsflair einrichtete.
Auch das ist ja eine Möglichkeit, wenn man wie ich deutlich mehr Ideen als Platz hat, oder?

## Stuhl leimen

Werkzeuge und Zubehör

- Gummihammer und Säge
- Schleifmaschine, Schleifaufsätze und Drahtbürste
- Holzleim
- Zahnstocher
- Schraubzwinge oder Spanngurt
- Holzleistenreste
- Schrauben
- Sonnenblumenöl
- alte Bettwäsche oder anderen Stoff
- starke Vlieseline
- Tacker
- Spitzenband und Satinband / Heißklebepistole
- Stuhlkissen aus Schaumstoff

Eine Bekannte hat mir diesen Stuhl aus dem Haushalt ihrer Eltern geschenkt. Er war in keinem sehr guten Zustand, das Holz sehr trocken, die Lehne wackelte, das WienerGeflecht der Lehne war beschädigt und unterhalb der Sitzfläche war eine Querleiste gebrochen. Aber die Sitzfläche selbst war intakt und der Stuhl wunderschön gearbeitet. Darum habe ich mal geschaut, was ich daraus machen kann.

## 1. Schritt
Zuerst musste ich also die hinteren Stuhlbeine vom Rest des Stuhles trennen. Dazu habe ich mit dem Gummihammer und einem aufgelegten Holzrest den hinteren Teil des Stuhls vorsichtig abgeschlagen. (Wenn es schon richtig lose ist, kann man es manchmal einfach abnehmen, hier brauchte es noch etwas mehr Kraft)

## 2. Schritt
Die gebrochene Querleiste an der Bruchstelle mit Leim bestreichen (Zahnstocher sind hier zum Verteilen ganz gut geeignet) fixieren und trocknen lassen. Im Anschluss habe ich die Innenseite der Leiste noch mit einer Buchenleiste verstärkt, die ich geleimt und geschraubt habe.

## 3. Schritt
Die Einzelteile des Stuhls habe ich erst einmal abgeschliffen. Für die Rundungen der Stuhlbeine sind die Drahtbürsten perfekt geeignet.
Ganz besonders gründlich sind die zu leimenden Stellen abzuschleifen, denn

mit dem alten Leim kann sich der neue nicht richtig verbinden, so dass der Stuhl bald wieder wackeln wird. Bei diesem Stuhl waren die Löcher für die Zapfen so geweitet, dass ich mir mit einem Trick beholfen habe; in die Zapfenlöcher wurden mehrere halbe Zahnstocher mit eingesetzt, dadurch verringert sich der Radius und die Zapfen haben wieder Halt.

Zapfen und Löcher gut mit Leim benetzen, dann die beiden Stuhlteile mit großen Schraubzwingen oder einem Spanngurt zusammenpressen und unter Druck trocknen lassen (Achtung, immer Reste von Holzleisten auf die Stuhlteile unter dem Gurt oder den Schraubzwingen legen um Abdrücke im Holz zu vermeiden!)

4. Schritt

Das Wiener Geflecht der Rückenlehne habe ich durch Stoff ersetzt. Dafür habe ich aus einer alten Bettwäsche, die rissig geworden war, zwei Stück in der Größe des Lehnenausschnittes ausgeschnitten und auf ein gleich großes Stück stabile Vlieseline gebügelt (eine Seite der Vlieseline ist zum Aufbügeln, bei der anderen Seite habe ich doppelseitig bügelbare Vlieseline verwendet.)

Das gesamte Teile wurde dann in den Lehnenauschnitt getackert.
Die Tackerklammern habe ich mit einer Spitzenborte verdeckt.
Aus den gleichen Materialien habe ich ein Sitzkissen zum Anbinden gefertigt.
Dazu wird ein Stoffstück mit leichterer Vlieseline gestärkt und dann nach dem Muster des Sitzkissens doppellagig zugeschnitten (der Stoffbruch, also die Stelle, an der der Stoff umgeschlagen ist) liegt dabei an der Vorderkante.
Bitte nicht vergessen umlaufend die halbe Kissenhöhe und eine Nahtzugabe einzuplanen.

Den Stoff rechts auf rechts legen und die Seiten zusammennähen. Umstülpen und das Sitzkissen einlegen. Den Stoff an der Öffnung nach innen stülpen und die beiden Bänder fixieren, dann die Naht schließen.
Die Spitzenborte mit schmalem Zickzack feststeppen.

## Stuhl streichen und Sitzfläche polstern

Werkzeuge und Zubehör

- Schleifmaschine und Schleifaufsätze
- Kreidefarbe
- altes Bettinlett
- Kunstleder
- Tacker

### 1. Schritt

Dieser Stuhl war schon lackiert, daher musste ich die Oberfläche nur anrauen. Da die Sitzfläche bezogen wird, habe ich sie vorm Streichen abgenommen. Anschließend habe ich den gesamten Stuhl mit Kreidefarbe gestrichen.

### 2. Schritt

Für das Polster der Sitzfläche habe ich wieder das alte Bettlinlett verwendet. Die Sitzfläche wurde als Schablone verwendet und das Inlett passgenau zugeschnitten.

## 3. Schritt

Als Polsterstoff habe ich schwarzes Kunstleder genommen, weil in dieser Ecke die Farbkombination grün und schwarz sehr gut passt. Der Stoff wird mit Zugabe zugeschnitten und auf der Unterseite der Sitzfläche festgetackert. Achtung, die Schraublöcher frei lassen!

## 4. Schritt

Mit den Gewindeschrauben wird die bezogene Sitzfläche wieder am Stuhl befestigt. Schon fertig!

Damit die Ecke hier richtig passt, wurde der alte Spiegel mit der gleichen Kreidefarbe umrandet, und noch zwei Tuschezeichnungen in schwarzen Rahmen aufgehängt.

## Bilderleiste oder Kleinteilregal

Werkzeuge und Zubehör

- Holzleistenreste
- Holzschrauben
- Akkuschrauber
- Kordel
- Farbe nach Wunsch

Wenn man im Innenausbau viel selbst macht, hat man immer wieder größere Holzleistenabschnitte übrig. Aus diesen kann man ganz leicht eine stylische Bilderleiste oder ein nützliches Kleinteilregal bauen.

1. Schritt

Die Leiste wird auf die gewünschte Länge gekürzt.
Für die Seitenteile wird ein kürzeres Leistenstück diagonal so durchgesägt, dass zwei gleiche Teile entstehen. An der kurzen Seite unterhalb der Diagonale wird ca. 1 cm vom Rand entfernt auf beiden Seiten ein von 1cm Durchmesser gebohrt.

## 2. Schritt
Die lange Leiste wird vorgebohrt und die Seitenteile werden aufgeschraubt. Wenn das Regal gestrichen werden soll, dann muss dieser Schritt jetzt erfolgen.

## 3. Schritt
Die Kordel wird an einer Seite verknotet und durch das Loch an den Seitenteilen gefädelt. Um das leichter zu schaffen, habe ich einen Zahnstocher mit Klebeband festgeklebt. Kordel spannen und verknoten.

## 4. Schritt
Befestigt werden die Regale mit Schrauben durch die diagonale Kante und schräg von unten.

## Gästegarderobe

Werkzeuge und Zubehör

- Holzleisten
- Gewindestange
- passende Muttern und
Unterlegscheiben
- Akkuschrauber
- Säge
- Farbe nach Wunsch

Diese Garderobe ist kein klassisches Upcyclingprojekt, denn ich musste die Leisten neu kaufen. Aber gerade die Haken und Befestigungsleisten kann man eventuell aus dem Bestand nehmen. Die Farbe wurde in diesem Fall auch nicht neu gekauft, sondern ein Rest der Wandfarbe verwertet.
Auf jeden Fall ist ein relativ einfaches Projekt, nur das Bohren ist etwas kniffelig, damit die Löcher nicht schräg werden, aber wer etwas Übung hat, schafft das!

## 1. Schritt

Die Leisten werden auf die gewünschte Länge gekürzt. Da ich das optisch schöner finde und es ohnehin schwer ist, mit meiner Ausstattung Holz millimetergenau zu kürzen, habe ich für die langen Leisten unterschiedliche Längen gewählt.

Die Haken werden aus gleich langen Stücken gefertigt, die diagonal geschnitten werden. Für die Befestigung werden zwei Leisten gesägt, jeweils 2cm kürzer als die Garderobe später in der Breite wird. Die Haken und die Befestigungsleisten werden in der Wandfarbe gestrichen.

## 2. Schritt

Jetzt geht es ans Bohren. Die langen Stücke werden von der Seite durchbohrt, alle von der Unterseite gemessen auf gleicher Höhe. Um die Haken zu bohren, stellt man ein Seitenteil auf und positioniert den Haken so, wie er später im ausgeklappten Zustand stehen soll. (vor allem beachten, dass hinter der Leiste noch die Befestigungsleiste ist)

### 3. Schritt

Bei den äußeren senkrechten Leisten wird mit einem Forstnerbohrer das Loch auf der Außenseite vergrößert, damit die Mutter bündig mit der Leiste abschließt. Jetzt wird eine Seite der Gewindestange mit einer Mutter bestückt und die Leisten und Haken werden abwechselnd mit zwei Unterlegscheiben dazwischen aufgefädelt.

### 4. Schritt

Die Gewindestange wird gekürzt und mit einer Mutter verschlossen. Die Mutter wird so lange angezogen, bis die Haken sich gerade noch gut bewegen lassen.
Mit Schrauben werden die Querleisten auf der Rückseite befestigt. Danach wird die ganze Konstruktion mit Hilfe von 4 Schrauben durch die Querleisten an der Wand befestigt.

5.Schritt
Die unter der Garderobe
befindliche Sitzbank mit
Schuhfach hat auch noch
ein kleines Polster verpasst
bekommen
(ihr ahnt es, das Bettinlett
kam zum letzten Einsatz),
mit einem Reststück
Stoff überzogen und
mit dem Rest der Borte
vom Rattanstuhl umklebt.
Zudem wurde sie auch
in Wandfarbe gestrichen.
Um es noch mehr
anzupassen wurden
bei der Klappe Streifen
frei gelassen,
genau so viele wie
senkrechte Leisten
an der Garderobe.

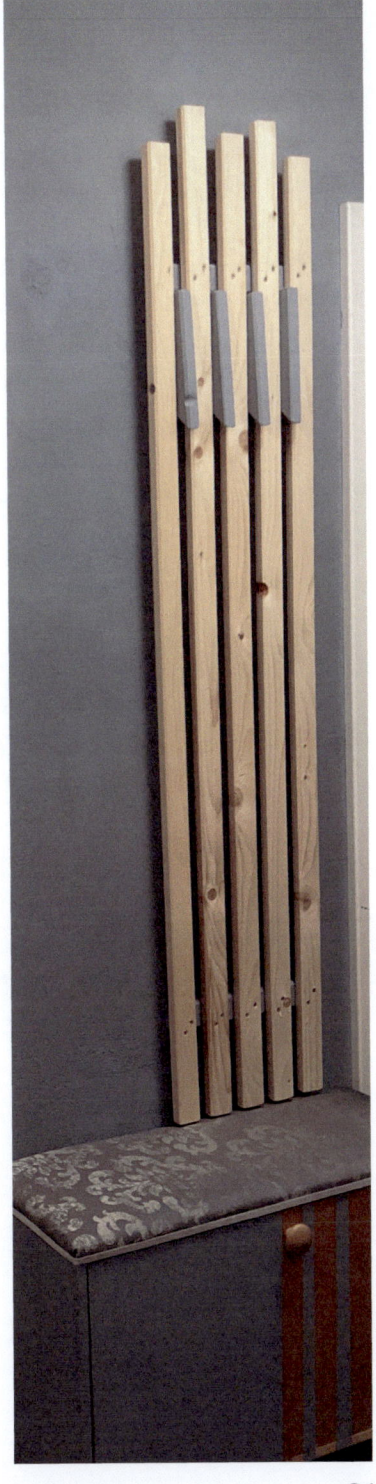

## Bank aus Kellerregal

Werkzeuge und Zubehör

- Holzleisten in 2 Breiten
- Altes Regal/ Regalböden
- Akkuschrauber
- Schrauben
- Säge
- Farbe nach Wunsch

Ein total wackeliges Kellerregal, in das man sich kaum etwas reinstellen traut, weil die Stützen so dünn sind, ergibt einfach keinen Sinn. Die Regalböden waren aber sehr stabil und gut gearbeitet.
Daher kam mir die Idee, diese für Sitzfläche und Rückenlehne einer Gartenbank zu verwenden.

## 1. Schritt

Die Regalböden wurden auf 40cm Länge gekürzt. Die übrigen Stücke für die Lehne aufgehoben.

Jetzt wurden die Stücke in gleichem Leistenabstand nebeneinander gelegt. Die jetzt entstandene Breite und die 40cm Tiefe bilden die Innenmaße des Rahmens um die Sitzfläche. Für diesen werden jetzt die Bretter zugesägt und miteinander im rechten Winkel verschraubt. Für die Auflage der Sitzfläche werden zwei schmalere Leisten von Innen so am Rahmen befestigt, dass die Abschnitte der Regalböden bündig mit dem oberen Rand des Rahmens sind.

## 2. Schritt

Ein zweiter Halbrahmen wird für die Rückenlehne gebaut. Da diese später eine leichte Neigung nach hinten haben soll, werden die unteren Stützen abgeschrägt. Da ich bereits für ein anderes Projekt einen Regalboden gekürzt hatte blieben mir nur drei Teile für die Rückenlehne. Aber das könnte ja glatt so gewollt sein. Um diesen Eindruck zu verstärken, werden die drei Teile mit weiterem Abstand positioniert und nach unten nicht bündig gefasst, sondern etwas weiter oben fixiert.

3. Schritt

Die Füße der Bank werden aus leicht schräg stehenden Brettern gefertigt. Füße, Sitzfläche und Lehne werden mit Schrauben miteinander verbunden. Achtung, die Sitzfläche sollte ein minimales Gefälle nach Hinten haben, damit Regenwasser ablaufen kann. Zur zusätzlichen Stabilisierung der Lehne werden Armstützen angebracht. Dazu habe ich die restlichen kurzen Leisten der Lehne verwendet, man kann die Armauflage aber auch gut aus breiterem Holz machen. Auch hier bitte auf eine leichte Neigung nach hinten achten.

Zum Witterungsschutz wird die ganze Bank mit Wetterschutzfarbe in Schwedenrot gestrichen.

## Häuschenregal

Werkzeuge und Zubehör

- Leimholz
- Akkuschrauber
- Schrauben und Winkel
- Säge
- Farbe nach Wunsch

1. Schritt
Die Leimholzbretter wurden auf die passende Länge gesägt. Die Breite war in diesem Fall vorgegeben, weil ein Puppenbett unten rein passen sollte. Die Höhe der Fächer ergab sich daraus, dass dieses Regal als Haus für die Playmobilmenschen dienen sollte und ich einfach ein die Höhe daran angepasst habe. Für das Dach wurden die Seitenbretter oben im Winkel abgeschrägt.

## 2. Schritt

Jetzt werden die Bretter gestrichen. Die Seiten- und Innenwände wurden hier in Gelb gestrichen, das Dach in Rot, aber das ist natürlich individuell anpassbar. Die Bretter werden entsprechend dem Plan zusammengeschraubt und mit Winkeln an der Wand befestigt.

## 3. Schritt

Und weil Kinder irgendwann größer werden und Puppen und Playmobil nicht mehr aktuell sind, wurde das Regal umgebaut. Es wurde abgeschraubt, das Dach wurde abgenommen, und es wurde oben und unten gekürzt. Für die Klappe wird ein Rahmen gebaut, der von der Innenseite mit Wiener Geflecht bespannt wird. Die Klappe wird dann mit einem Stangenscharnier ans Regal geschraubt und mit einer Magnetschließe verschlossen.
Neu gestrichen und mit einem kleinen Spiegelregal darüber fungiert es jetzt als Schminktisch.

## Nierentisch reparieren

Werkzeuge und Zubehör

- Schichtholz
- Säge
- Holzleim
- Hammer

1. Schritt
Diese niedliche Erbstück wurde jahrelang als Blumentischchen verwendet. Dabei muss Gießwasser unbemerkt verschüttet worden sein, denn die Holzfaserplatte unter der Glasplatte war total aufgequollen, wodurch der Tisch nicht mehr stabil stand.

2. Schritt
Zuerst wurde der Tisch in die Einzelteile zerlegt. Dazu wird das Messingband abgenommen (das hielt durch die aufgequollene Platte ohnehin nicht mehr fest), die Glasplatte zur Seite gelegt, die Beine abgeschraubt und die Halterungen für die Beine werden von der Platte abgeschlagen.

## 3. Schritt

Die alte Platte wird als Schablone
verwendet und die Form auf eine Platte
Schichtholz übertragen und ausgesägt.
Die Halterungen für die Tischbeine
werden an den Klebeflächen gut
abgeschliffen und auf die Schichtplatte
aufgeklebt.

## 4.Schritt

Nach dem Trocknen werden die
Tischbeine wieder eingeschraubt, die
gereinigte Glasplatte aufgelegt und das
Messingband mit den kleinen Nägeln
vorsichtig wieder befestigt.
Ein richtiges Schmuckstück, oder?

## Restholzregal

Werkzeuge und Zubehör

- Holzreste
- Leimholz
- Regalbodenträger
- Akkuschrauber
- Schmales Reststück Laminat
- Schrauben

Reste fallen ja immer irgendwie an. Klar, man kann sie versuchen als Unterfutter irgendwo zu verwenden oder sie (so sie unbehandelt sind) in die Feuerschale werfen, aber man kann sie auch gut als dekoratives Element an einem Regal verwenden.

1. Schritt
Die gesammelten Holzreste werden zur gewünschten Anordnung gelegt. Auf Größenverhältnisse und Farben achten, einfach eine Weile probieren, bis sich das gewünschte Gesamtbild ergibt.

2. Schritt
Die Stückchen der Reihenfolge nach
von Hinten mit einem schmalen
Reststück Laminat
zusammenschrauben. Es kann auch
eine dünne, breitere Leiste verwendet
werden.

3. Schritt
An das breite Leimholzbrett werden die
beiden Regalbodenträger angebracht.

4.Schritt
Das Regal wird an die Wand geschraubt
und dekoriert.
Einfach aber
effektvoll, oder?

## Betthaupt

Werkzeuge und Zubehör

- Leimholz
- Bettinlett
- Stoff zum Bespannen
- Akkuschrauber
- Einschlagmuttern
- passende Gewindeschrauben
- Tacker
- Klammern und Schraubzwingen

Meine Lieblingsentspannung am Wochenende ist es Morgens im Bett noch zu Lesen und dabei gemütlich den ersten Kaffee zu trinken. Damit das bequemer wird, habe ich unserem selbstgebauten Bett ein Betthaupt verpasst, wegen der vorhandenen Stoffbreite auf zwei Teile aufgeteilt.

1. Schritt
Die beiden Leimholzbretter werden mit Klammern und Schraubzwingen an der gewünschten Stelle fixiert und an

jeweils vier Punkten passend zur Einschlagmutter durchgebohrt. Danach werden die Bretter von den Querstreben abgenommen. Markiert Euch an einer Stelle auf der Rückseite Brett und Unterkonstruktion, damit ihr später das Betthaupt richtig herum montiert, und die Bohrlöcher passen.

## 2. Schritt

Die Bretter werden von der Unterkonstruktion abgenommen. Die Einschlaghülsen werden von der Vorderseite in die Leimholzbretter eingeschlagen. Dann wird das Bettinlett zugeschnitten und mit einigen Klammern an den Seiten des Brettes fixiert.
Der Stoff wird zugeschnitten und auf der Rückseite festgetackert. Mit den Gewindeschrauben wird das Betthaupt auf der Unterkonstruktion befestigt.

Jetzt kann das nächste Wochenende kommen, was meint ihr?

## Stuhl umgestalten

Material

- Alter Stuhl
- Isomatte
- Polstervlies
- alte Bettwäsche
- Holzleisten
- Kreidefarbe
- Säge
- Klemmen oder Schraubzwingen
- Holzreste zum Unterlegen
- Tacker und Klammern
- Holzspachtel

Nochmal ein Stuhl zur Umwandlung. Auch hier war das Geflecht an der Lehne kaputt und wurde entfernt. Unter dem Sitzpolster habe ich es erhalten, damit ich keine Holzplatte zuschneiden muss.

1. Schritt
Das beschädigte Wiener Geflecht wird entfernt und als Schablone für das Lehnenteil verwendet.
Aus der alten Bettwäsche und dem Vlies werden zwei Stücke nach der Schablone geschnitten und aus der Isomatte ein Stück, das umlaufend 0,5cm kleiner ist. Das spätere Vorderteil wird mit der Kreidefarbe bemalt.

## 2. Schritt
Das gleiche passiert mit der Sitzfläche, wobei hier nur ein Stoffstück und Vlies benötigt wird. Auch hier wird das Stoffstück bemalt.
Nach dem Trocknen beginnt die Montage. Dazu wird zuerst der Rückenteil der Lehne getackert, Vlies und Polster aufgelegt und das Vorderteil festgetackert.
Auch bei der Sitzfläche wird das Polster aufgelegt, mit dem Vlies bedeckt und im Anschluss der Stoff darüber festgetackert.

## 3. Schritt
Um die Tackernadeln verschwinden zu lassen wird aus flachen, mit der Kreidefarbe gestrichenen Holzleisten jeweils ein Rahmen für Lehne und Sitzfläche gefertigt. Dieser wird an jeder Seite 0,5cm kleiner als der Stoff angelegt und im passenden Winkel geschnitten und auf den Stuhl aufgeleimt. Kleine Fehler an den Schnittstellen werden mit Holzspachtel gefüllt und nach dem Trocknen verschmirgelt und gestrichen.

So bearbeitet wird der Stuhl doch echt einzigartig, oder?

Textil

Nähen ist für mich schon lange ein Hobby, angefangen habe ich mit einfachsten Arbeiten, habe aber auch schon früh völlig ohne Ahnung Kleidung entworfen, die dann meist nicht sehr tragbar war (Danke an dieser Stelle mal meiner Mutter, die mich das trotzdem hat ausprobieren lassen.)
Nach einem Kurs an der VHS konnte ich zumindest die Grundzüge und bei einem zweiten Kurs lernte ich dann Schnitte an meine Figur anzupassen. Beides kann ich nur empfehlen, die nächsten Seiten ersetzen ganz bestimmt keinen Nähkurs.

Ich zeige Euch hier ein paar Tricks und Kniffe, wie man Kleidung an den eigenen Körper anpasst, fehlende Taschen einsetzt und stelle Euch ein paar coole Ideen vor, was man aus kaputten Jeanshosen alles machen kann.
Außerdem gibt es ein paar Ideen zur Rettung von alter Kleidung durch Stoffmalfarben und Print.

Zum Einstieg aber erst mal ein paar Begriffserklärungen und andere Erläuterungen:

## Nähmaschine:

- ist natürlich so ziemlich das wichtigste. Meine hat nicht viel Schnickschnack, das wichtigste finde ich einen Overlockstich, weil der gleich die Nähte versäubert.
Wenn ihr erst anfangen wollt fragt doch mal in der Familie oder im Freundeskreis nach der Möglichkeit eine Maschine zu leihen, bevor ihr Euch eine eigene Maschine kauft.

## Linke Seite/rechte Seite

- als rechte Stoffseite bezeichnet man die Vorder- oder Sichtseite des Stoffes. Bei manchen Stoffen ist es ganz deutlich, welche Seite das ist (Druckstoffe z.B.) bei anderen ist zwischen den beiden Seiten kaum bis kein Unterschied zu erkenne, dann legt ihr das selbst fest.
Die linke Stoffseite ist logischerweise die andere.

## Stoffbruch

- manchmal wird ein Stoff im Bruch zugeschnitten, das bedeutet, das er einmal gefaltet wird (die Knickkante ist der Bruch) dann wird zugeschnitten, um ein seitengleiches Schnittteil zu erhalten.

## Abnäher

- machen das Stück enger und definieren Körperrundungen. Darum sind Abnäher nie gerade, sondern immer als leichter Bogen zu nähen! Wenn ihr so etwas habt, zeichnet die Abnäher zu Anfang mit einem Kurvenlineal vor, oder behelft Euch mit einem großen Teller für eine gleichmäßige Rundung!

## Schrägband/ Einfassband

- gibt es fertig zu kaufen, auch als elastisches Material und ist eine super Sache bei Säumen und Ausschnitten. Wenn ihr nicht genau die passende Farbe bekommt, könnt ihr so ein Band auch gut als Kontrast einsetzen.

Vlieseline

- für mich ein unverzichtbares
Allroundtalent, ich verwende sie gerne zur
Fixierung und gegen das Ausfransen von
Applikationen, aber es gibt sie in
unterschiedlichen Stärken, so das sie
auch zur Stabilisierung von Taschen und
Rucksäcken verwendet werden können.


Im Allgemeinen sei noch gesagt, dass die
hier vorgestellten Ideen meist nicht
perfekt sind, aber sie sind einzigartig und
alltagstauglich, so wie man es braucht!
Und jetzt ran an die Nähmaschine oder
Stoffmalfarben, ihr habt doch bestimmt
auch einige Dinge liegen, die schon lange
auf eine Umarbeitung warten, oder?

## Seitliche Eingrifftasche

Material

- Hose oder Rock ohne Taschen mit seitlicher Naht
- passenden Stoff für Taschenbeutel
- Nahtauftrenner
- Nähmaschine und passendes Nähgarn

Sommerliche Röcke und Hosen werden ja oft ohne Taschen gefertigt. Mich nervt das ungemein, vor allem, weil ich mich ohne meinen Haustürschlüssel in der Tasche echt unwohl fühle. Daher habe ich bei der Secondhand Hose, die mir von Farbe und Schnitt super gefallen hat, einfach nachträglich Eingrifftaschen in der Seitennaht eingenäht.
Das geht viel leichter, als es sich anhört, versprochen!

1. Schritt
Die beiden äußeren Seitennähte werden vorsichtig aufgetrennt, ungefähr dort, wo die Taschen später sitzen sollen, oberhalb und unterhalb ungefähr jeweils 5cm mehr.

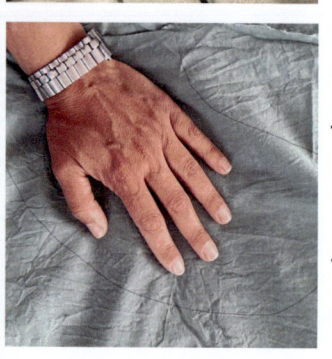

2. Schritt
Taschenbeutel werden angefertigt. Ich nehme dazu kein Schnittmuster

sondern lege die linke bzw. rechte Hand auf den doppelt gelegten Stoff. Mein Handgelenk definiert dabei den Eingriffteil der Tasche, Handteller und Finger die Größe des Beutels. Ihr habt nach diesem Schritt zwei mal zwei Stoffstücke

3. Schritt
Diese Stoffstücke werden am Eingriffteil rechts auf rechts an der jeweiligen Naht festgesteckt und genäht. Achtet dabei darauf, dass die Taschen auf beiden Seiten gleich hoch angesetzt werden.

4. Schritt
Jetzt werden die Taschenteile nach Innen geklappt und die Nähte sowie der Taschenbeutel mit dem Overlockstich geschlossen. Habt ihr den nicht an Eurer Maschine wird zuerst im Geradstich genäht und dann mit einem Zickzackstich versäubert.

Jetzt ist die Hose perfekt!

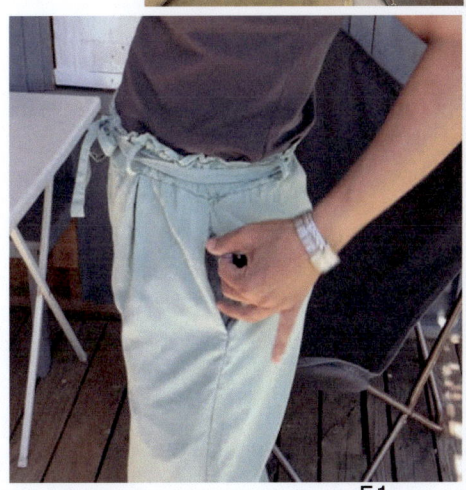

## Seitliche Eingrifftasche mit Paspel

Material

- Hose oder Rock ohne Taschen
- passenden Stoff für Taschenbeutel und Paspel
- Nahtauftrenner
- Nähmaschine und passendes Nähgarn

Eine zweite Variante zum Einarbeiten von Taschen sind die sogenannten Paspeltaschen. Hier werden die Taschen unabhängig von einer Naht in das Kleidungsstück integriert. Ein bisschen fummeliger als die vorherige Variante, aber gerade bei eleganter Kleidung lohnt sich die Mühe!

1. Schritt
Die Paspel ist ein kleiner Stoffstreifen, der ca. 3cm breit ist und so lang, wie der Eingriff später sein soll plus 3cm Nahtzugabe insgesamt. Dieser Streifen wird zuerst zugeschnitten und von der linken Seite mit Vlieseline verstärkt.

2. Schritt
Taschenbeutel werden angefertigt. Da ich hier noch dem diagonalen Karo meine Paspel ansetze, wird der Eingriff am Taschenbeutel natürlich auch diagonal. Der hintere Taschenteil wird

dabei um die Paspelbreite breiter geschnitten als der vordere. Jetzt werden die beiden Seiten des Taschenbeutels rechts auf rechts an die beiden langen Seiten der Paspel genäht

## 3. Schritt
Die Paspel wird auf den Stoff positioniert und mit einem Rechteck von ca. 1cm Breite und der gewünschten Eingrifflänge plus 1cm mittig rechts auf rechts mit geradem Stich aufgenäht. Dieses Rechteck wird mittig mit 0,5cm Randabstand mit dem Auftrenner aufgeschnitten. Durch den entstehenden Schlitz werden die Taschenteile nach innen gezogen und die Paspel nach Innen umgeschlagen. Gegebenenfalls bügeln, um kleine Fältchen verschwinden zu lassen. Die Paspel wird knappkantig mit Geradestich umnäht.

## 4. Schritt
die Taschenteile werden aufeinander gelegt und mit Overlockstich umrandet.

Fertig und Einsatzbereit!

## Bund enger nähen

Material

- Hose oder Rock die am Bund zu weit sind
- Nahtauftrenner
- Nähmaschine und passendes Nähgarn

Ich weiß auch nicht warum, aber offenbar gibt es für meine Figur keine passenden Hosenschnitte. Mir geht es ganz oft so, dass die Hose am Hintern passt, aber am Bund dann deutlich zu weit ist, so viel, dass ein Gürtel auch keine Lösung ist. Diese Stoffhose wollte ich aber trotzdem gerne haben, weil sie so wunderbar fällt und perfekt zu kombinieren ist. Also habe ich mir die Mühe gemacht, sie richtig passend zu machen.

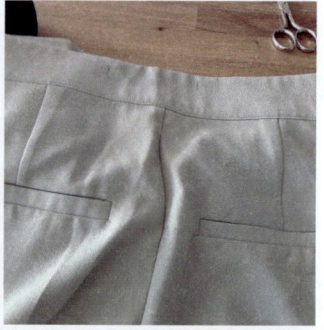

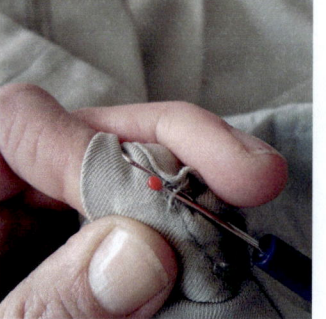

1. Schritt
Um herauszufinden, wie viel am Bund raus muss und wie lang der Abnäher sein muss, ziehe ich die Hose auf links an (mit den Nähten nach außen) und stecke sie passend ab.
Danach trenne ich den Bund ab. Da dieser eine Naht hinten in der Mitte hat, muss ich nur ausgehend von dieser 15 bis 20cm links und rechts auftrennen.

## 2. Schritt
Jetzt wird die übermäßige Weite nach Innen eingeschlagen und festgesteckt. Meist macht man 2 Abnäher links und rechts der rückwärtigen Mittelnaht, hier habe ich wegen der Taschen nur die Mittelnaht enger gemacht. An den sanften Bogen denken, sonst steht das später unschön weg.

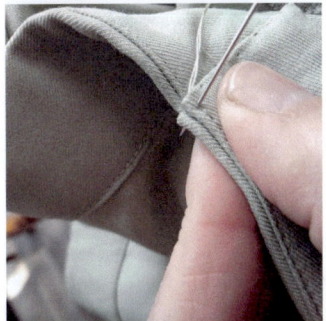

## 3. Schritt
Die Mittelnaht am Bund wird aufgetrennt, der Bund passend gekürzt und wieder zusammengenäht. Anschließend wird der Bund wieder richtig festgenäht.
Jetzt passt die Hose, als wäre sie für mich maßgeschneidert worden. Diese Methode ist manchmal zugegebenermaßen sehr aufwändig, gerade wenn der Stoff sehr dick ist oder noch Gürtelschlaufen zu versetzen sind, aber es lohnt sich!

## Hose flicken und applizieren

Material

- Hose mit Loch
- alte Jeans
- Schere
- Nähmaschine und passendes Nähgarn

Jetzt kommt ein Projekt, dass ganz unter dem Motto steht: „wenn du es nicht verstecken kannst, betone es!" Die Jeans hatte ich gerade wegen eines großen Farbspritzers am Saum unten auf 7/8 Länge gekürzt als ich mit ihr an einem Winkel hängen geblieben bin. Diese Scharte konnte ich nicht unsichtbar flicken, also entschied ich mich für ein Blättermuster aus Jeansresten.

1. Schritt
Die seitliche äußere Naht wird fast vollständig aufgetrennt, sonst kann man nicht vernünftig am vorderen Hosenbein arbeiten.
Der Riss wird mit Zickzackstich geschlossen.

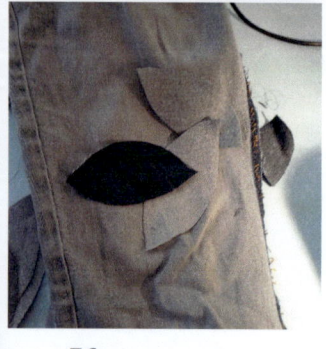

2. Schritt
Aus alten Jeans werden Navetteformen ausgeschnitten, viele verschiedene Blautöne ergeben ein interessanteres

Muster, es geht aber auch alles aus einer Hose zu schneiden.
Das erste Blatt wird über dem geschlossenen Riss festgesteckt und mit engem Zickzackstich festgenäht.
Um das Blattmuster zu verstärken wird ein Bogen Richtung Außennaht gesteppt als Pflanzenstengel.
Ich habe die Flicken nicht mit Vlieseline verstärkt, damit sie ausfransen, ist das nicht erwünscht müsst ihr das vor dem Aufnähen noch tun.

3. Schritt
Jetzt werden die Blätter nach und nach auf dem Hosenbein verteilt und festgenäht, jeweils mit der Verlängerung des Stiels.
Habt ihr genug Blätter aufgenäht wird das Hosenbein umgekrempelt und die Seitennaht mit Overlockstich geschlossen.

## Hose kürzen in der Naht

Material

- zu lange Hose
- Nähmaschine und passendes Nähgarn

Noch ein Projekt für Hose sitzt perfekt am Hintern, ist nur zu lang.
Da gibt es einen sehr einfachen Trick!

### 1. Schritt
Mit einer in der Länge passenden Hose wird Maß genommen und der zu lange Bund nach ober weggeklappt. Der originale Abschluss muss dabei so liegen, dass er um genau seine Breite oberhalb der Länge liegt.

### 2. Schritt
Jetzt wird unterhalb des Bundes mit Overlockstich festgenäht. Sollte das zu kürzende Teil länger sein als der Bund wird es knapp an der Naht abgeschnitten.

### 3. Schritt
Der Bund wird nach unten umgeschlagen und in der originalen Naht festgenäht – schon fertig und nur in der Nähe zu erkennen.

## Hose kürzen

Material

- zu lange Hose
- Einfassband
- Nähmaschine und passendes Nähgarn

7/8 Länge gewünscht? Bitte sehr!

1. Schritt
Hose anprobieren und die gewünschte
Länge markieren

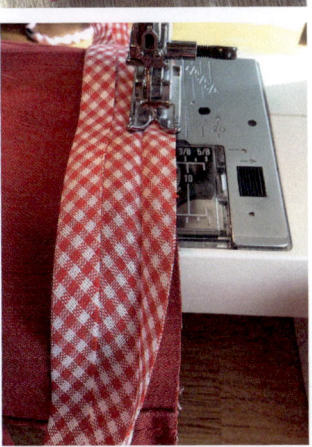

2. Schritt
Hose an dieser Länge abschneiden und
den Saum mit dem Band einfassen.

3. Schritt
Anziehen und wohlfühlen!

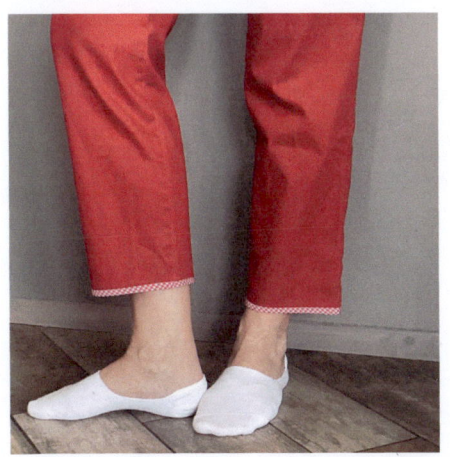

## Rucksack aus alten Jeans

Material

- Alte Jeanshosen
- Gurtbänder in gewünschter Breite
- passende D-Ringe, Leiterschnallen und Karabiner
- Lederrest in passender Farbe
- starke Vlieseline
- Nähmaschine und passendes Nähgarn

Das ist jetzt ein Upcyclingprojekt, bei dem man ein bisschen was zukaufen muss (außer man hat genug alte Rucksäcke, von denen man die Gurte und Schnallen verwenden kann.) Testet bitte vorm zuschneiden, ob Eure Maschine die vielen dicken Stofflagen auch schafft!

1. Schritt
Zuschnitt: Aus den Jeanshosenbeinen
werden 4 Rechtecke in gleicher Höhe
zugeschnitten, 2 schmale für die
Seitenteile und 2 breitere für Vorder-
und Rückenteil. Beim breiteren
Rechteck habe ich die stabile Kappnaht
der inneren Naht als Mitte gewählt.

Auf dem Leder wird die Bodenfläche
(ein Rechteck aus den Breiten der
Seitenteile) plus jeweils 10cm
angezeichnet, die das Leder später den
Rucksack von unten umschließen soll.
Es entsteht dabei eine Art Kreuz. Die
starke Vlieseline wird wie der Boden
zugeschnitten, nur eine Seite wird nach
oben verlängert, um die Rückenfläche
zu stabilisieren. So lang, wie der
Rucksack später in geschlossenem
Zustand sein soll, das Rückenteil selbst
ist höher, da hier ein Rolltop geplant ist.

Die Vlieseline wird auf die Jeansteile
und das Lederstück aufgebügelt. Die
Seiten des Leders sind jetzt noch nicht
fest, da die Gurtansätze hier drunter
versteckt werden.

2. Schritt
Die Gurtbänder werden auf die Jeansteile festgesteckt und aufgenäht. Ich habe die Bänder so gestaltet, dass man sie als Tasche und Rucksack tragen kann, je nachdem, wo man die Karabiner einhakt.

Als Länge für die Tragegurte habe ich ungefähr die 2,5 fache Rucksackhöhe genommen und die Gurte mit den Leiterschnallen versehen, so dass sie individuell angepasst werden können.

Für den Rolltop wird ein Gurtband mit Karabiner an das Rückteil genäht am Ende der Vlieseline. Der Gegenpart ist ein D-Ring, in den der Karabiner zum Schließen eingehakt wird.

## 3. Schritt

Wenn alle Gurte befestigt sind wird das restliche Leder an den Jeansteilen befestigt (Geradstich und schmaler Zickzack) und die vier Seitennähte geschlossen. Dazu jeweils die benachbarten Stoffstücke rechts auf rechts zusammenlegen und mit Overlockstich die Naht schließen. Achtet so gut wie möglich darauf, dass die Lederteile auf gleiche Höhe kommen!

An einer der rückwärtigen Seitennähte befestige ich noch ein kleines Band mit einem Karabiner, hier kann man später den Schüssel einhängen, damit er nicht im Rucksack verloren geht.

Jetzt kann der Rucksack gewendet werden. Für einen sauberen Abschluss und etwas mehr Stabilität für das Rolltop habe ich die obere Kante mit einem gestreiften Gurtband eingefasst.

## Umhängetasche

Material

- Jeanshose
- Stoffrest
- Reißverschluss

Man kann nicht nur die Hosenbeine der Jeans nutzen. Auch der obere Bereich mit den Taschen gibt eine schöne Tasche ab.

1. Schritt

Die Jeans wird oberhalb der Beine abgeschnitten. Für den Boden der Tasche wird aus dem Hosenbein ein Rechteck zugeschnitten, dass den Umfang des unteren Abschnittes hat. Die gleichen Teile werden aus dem Futterstoff geschnitten, plus zwei Rechtecke für den oberen Verschluss.

## 2. Schritt

Der Taschenkörper wird zusammengenäht, ebenso der Futterbeutel. Für den Verschluss werden die beiden Rechtecke, die halb so breit wie die Öffnung oben sind, mit dem Reißverschluss zusammengenäht. Zur Aufhängung wird ein Streifen aus einem Hosenbein an der Kappnaht geschnitten, rechts auf rechts zusammengenäht und gewendet und auf den Taschenbeutel genäht.

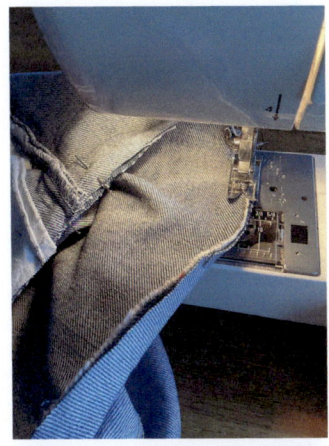

## 3. Schritt

Der Futterbeutel wird in den Taschenbeutel gesteckt und am oberen Rand festgenäht.

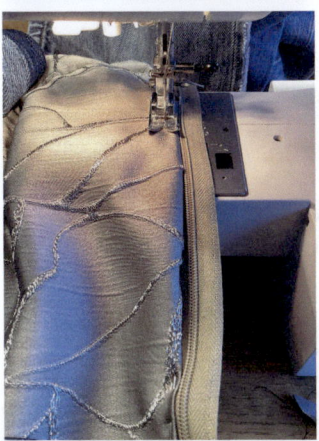

## Rucksack Nummer 2

Material

- Alte Jeanshosen
- Gurtbänder in gewünschter Breite
- passende D-Ringe, Leiterschnallen und Karabiner
- Stoff in gewünschter Farbe (für Rucksack und Futter) und Einfassband ebenso
- starke Vlieseline
- Nähmaschine und passendes Nähgarn

Da der erste Rucksack ein Geschenk war, mir aber sehr gut gefallen hat und noch genug Jeans übrig waren, habe ich mir auch noch einen Rucksack genäht, etwas anders als der vorhergehende.

## 1. Schritt

Zuschnitt: Der Stoff wird als Körper des Rucksackes verwendet, aus dem Jeansstoff wird nur den Boden gefertigt. Dazu wird aus einem Hosenbein das Kreuz zugeschnitten, in den gewünschten Maßen. Stoff, Vlieseline und Futterstoff werden in der gewünschten Größe zugeschnitten.

Aus dem Futterstoff wird noch eine doppelte Stofflage in Rückenteilbreite zugeschnitten und mit Vlieseline verstärkt für ein Innenfach. Die Vlieseline wird auf die linke Seite des Außenstoffes gebügelt.

Aus einem Stück Jeanshose wird die Deckelklappe geschnitten und passgenau ein Stück vom Futterstoff.

## 2. Schritt

Die Jeansteile des Bodens werden an den oberen Kanten mit Einfassband gesäumt.  Auch die beiden Deckelteile werden zusammen eingefasst.

Für das Futter wird aus Gummiband eine Flaschenhalterung und ein Schlüsselhalter vorbereitet. Alles wird richtig postioniert und die Gurtbänder aufgenäht.

Vorder- und Rückseite des Jeansbodens werden auf den Unterstoff genäht.

3. Schritt

Wenn alle Gurte befestigt sind werden beim Außen- sowie beim Futterstoff die vier Seitennähte geschlossen. Dazu jeweils die benachbarten Stoffstücke rechts auf rechts zusammenlegen und mit Overlockstich die Naht schließen.

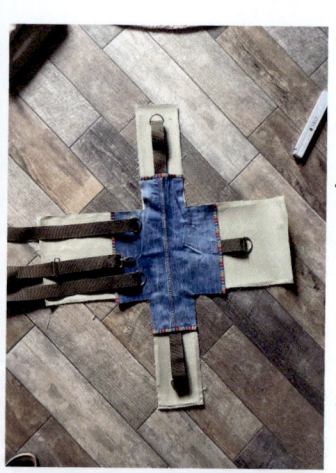

Die Deckelklappe wird rechts auf rechts auf das Rückenteil gelegt und festgenäht.

Der Rucksack wird gewendet, d.h. die Nähte kommen nach Innen, der Futterstoff behält die Nähte außen. Der Futterteil wird in den Rucksack gesteckt (auf die richtige Richtung achten!) die obere Kante jeweils um 1 cm zueinander umgeschlagen und festgesteppt.

# Schlüsselanhänger

Material

- Alter Jeanssaum
- Einfassband
- Schlüsselring
- Nähmaschine und passendes Nähgarn

Bei den Rucksäcken kann ich den dicken Saum der Jeans nicht gebrauchen, aber für dieses Projekt ist er ideal!

1. Schritt
Saum der Jeans knapp abschneiden.

2. Schritt
Mittig um den Schlüsselring legen und mit dem Einfassband festnähen.

## Scrunchie

Material

- Stück Hosenbein
- Einfassband
- Haargummi
- Nähmaschine und passendes Nähgarn

Noch ein Miniprojekt für Langhaarige. Scrunchies sind ganz schnell gemacht und die kann man immer gebrauchen.

1. Schritt
Ein Stück Hosenbein einer alten Jeans abschneiden.

2. Schritt
Um das Haargummi legen zusammenklappen und mit dem Einfassband schließen.

## Kissen

Material

- alte Jeans
- Kissenfüllung
- Stoffrest
- Siebdruckset
- Stoffmalstift

### 1. Schritt
Für das Vorderteil des Kissens werden 3 Streifen aus Jeansstoff geschnitten und mit dem Overlockstich zusammengenäht. Die einzelnen Streifen werden nach Wunsch mit Siebdruck und Stoffmalstift gestaltet.

### 2. Schritt
Die Rückseite wird aus einem Stück Stoff passend zugeschnitten. Vorder- und Rückseite werden rechts auf rechts an drei Seiten zusammengenäht, bei der 4. Seite werden links und rechts jeweils knapp 4cm geschlossen.

### 3. Schritt
Die Kissenhülle wird gewendet, die Füllung wird eingelegt und die noch offene Naht geschlossen.

Schnell und einfach, aber effektvoll!

# Turnbeutel

Material

- Stück Hosenbein
- passender Stoff
- passendes Band und Spitze
- Nähmaschine und passendes Nähgarn

## 1. Schritt

Ein Stück Hosenbein einer alten Jeans abschneiden. Die stabile Kappnaht vom inneren Hosenbein wird zur unteren Naht des Beutels. Aus dem Stoff wird ein Rechteck zugeschnitten, die Jeansverstärkung wird mittig auf dieses aufgenäht und mit einer Spitzenborste eingefasst.

## 2. Schritt

Das Rechteck wird rechts auf rechts zusammengefaltet und die Seitennähte bis ca. 5cm unter dem oberen Rand geschlossen. Kurz oberhalb des Bodens wird je eine Jeansschlaufe eingesetzt, an der später die Schnur für den Verschluss befestigt wird. Die oberen 5cm werden jeweils in den Einzellagen gesäumt.

## 3. Schritt

Der Beutel wird umgedreht und der obere Saum doppelt nach Innen umgeschlagen und am unteren Saumrand festgenäht, damit ein Tunnel entsteht. Durch die Schlaufen und den Tunnel werden zwei Schnüre gezogen, beginnend an der Schlaufe, durch die eine Tunnelseite hin und die andere zurück um unterhalb der Schlaufe verknotet zu werden. Zur einfacheren Handhabung habe ich einen Zahnstocher an die Schnur geklebt. Damit kann man die Schnur einfacher durch den Tunnel fädeln.

## Shirt pimpen mit Siebdruck

Material

- Shirt
- Wunschmotiv und Drucker
- Cuttermesser und Schneidunterlage
- Marabu Siebdruckset
- Siebdruckfarben
- Malerkrepp
- Holzbrett oder alte Zeitschrift, um Durchschlagen der Farbe zu verhindern

### 1. Schritt
Das gewünschte Motiv wird in mehrfacher Ausführung ausgedruckt. Die Anzahl der Ausdrucke wird durch die Anzahl der verschiedenen Farben festgelegt, für jede Farbe benötigt man einen Ausdruck.
Jetzt werden die entsprechenden Flächen ausgeschnitten, jeweils nach Farbe, im vorliegenden Motiv, einmal die Haare für den schwarzen Druck, Gesicht für den blass roséfarbenen und der Mund und Ohrring für das rot.

### 2. Schritt
Das Holzbrett wird in das Shirt geschoben und dieses mit Malerkrepp fixiert, damit es nicht verschoben wird

oder Falten schlägt. Der Druckbereich wird durch einen Rahmen aus Malerkrepp definiert, damit man die Motive möglichst bündig aufeinanderlegt. Das habe ich in meinem Beispiel nicht gemacht, weshalb die einzelnen Schichten minimal gegeneinander verschoben sind.

3. Schritt
Jetzt werden die Schichten nach und nach aufgetragen, beginnend hier mit dem Hautton als unterster Schicht. Für die jeweilige Schicht wird zuerst der geschnittene Ausdruck auf die flache Seite des Siebs geklebt, die gemischte Farbe mit dem Spatel oberhalb des Motivs aufgetragen und mit der Rakel sauber über die ausgeschnittenen Stellen gestrichen. Nach jedem Arbeitsgang wird das Sieb gründlich gereinigt und die Schicht muss gut trocknen.
Sind alle Schichten aufgetragen und getrocknet, wird das Malerkrepp entfernt und das Motiv zur besseren Haltbarkeit noch gebügelt.

## Druck ergänzen mit Applikationen

Material

- Shirt mit Druck
- Bänder und Borten
- Stoffreste und Vlieseline
- Nadel und Faden

Manchmal darf es etwas mehr sein! Nur Druck alleine wirkt vielleicht zu schlicht für das Motiv.
Von anderen Nähprojekten hatte ich noch eine Fransenborte übrig; ein Reststückchen Vorhangstoff mit Vlieseline verstärkt (gegen das Ausfransen) und ein Satinband in passenden Farben bilden die Grundlage dieser Applikationen

1. Schritt
Die Fransenborte wird als Kragen genommen und mit Steppstich oben in zwei nebeneinander laufenden Nähten festgenäht.

2. Schritt
Jetzt wird aus dem verstärkten Vorhangstoff fünf Blumen in abnehmenden Radien geschnitten. Dazu wird zuerst ein Kreis ausgeschnitten, der zuerst mittig gefaltet und dann in

Dritteln aufeinander gelegt wird. Jetzt wird von der Mitte ausgehend das Blütenblatt ausgeschnitten und wieder aufgefaltet. Diesen Schritt wiederholen, bis fünf Blüten vorhanden sind. Dabei immer kleiner und schmaler werden mit dem Blütenblättern.

3. Schritt
Auf dem schon im Druck vorhandenen Kopfband wird mittig ein Satinband aufgenäht.
Die Blüten werden positioniert und nacheinander festgenäht. Ich hab die unterste Blüte in kompletter Länge fixiert, die folgenden immer weniger, das oberste nur noch in der Mitte, Damit die Blüte sich richtig auffächern kann.
In der Mitte der Blüte wird aus dem Satinband ein Knäuel geformt und festgenäht. Wer hat oder findet, auch ein dekorativer Knopf sieht hier klasse aus!

Ganz zum Schluss habe ich noch den Rest des Satinbandes an den Fransenkragen angenäht.

Um Euch das Nachmachen zu erleichtern, findet ihr einige Motive zum Druck auf den nächsten Seiten.

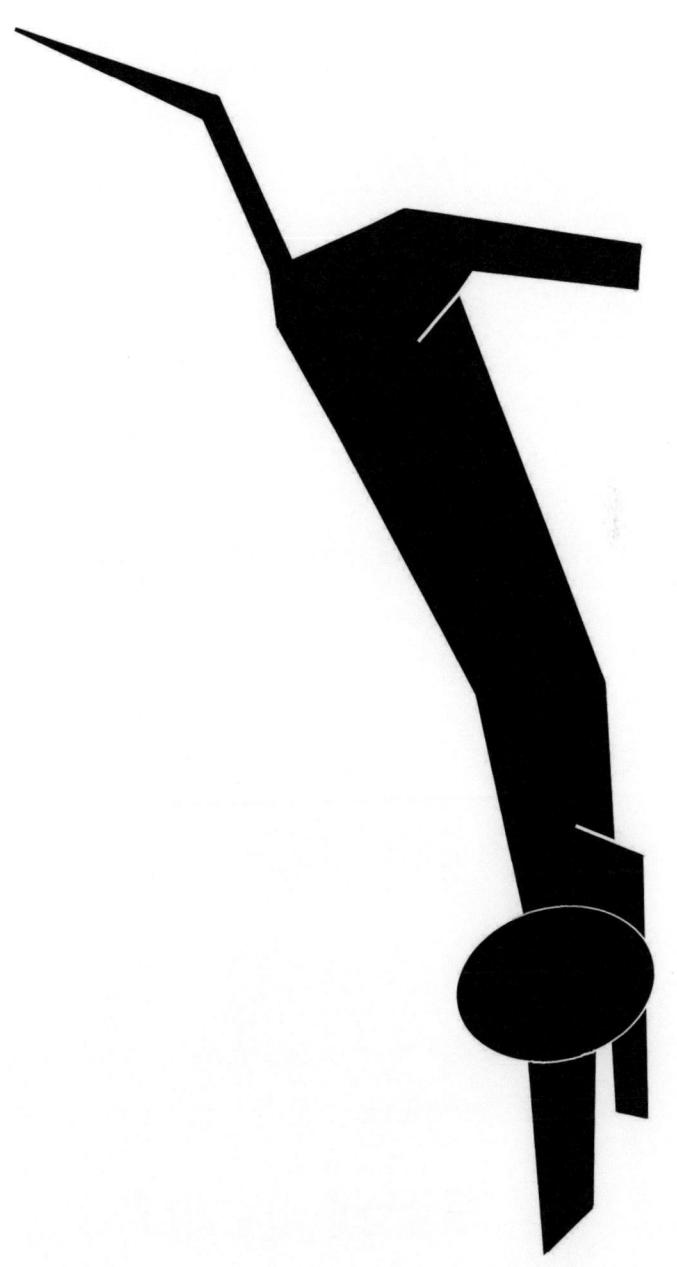

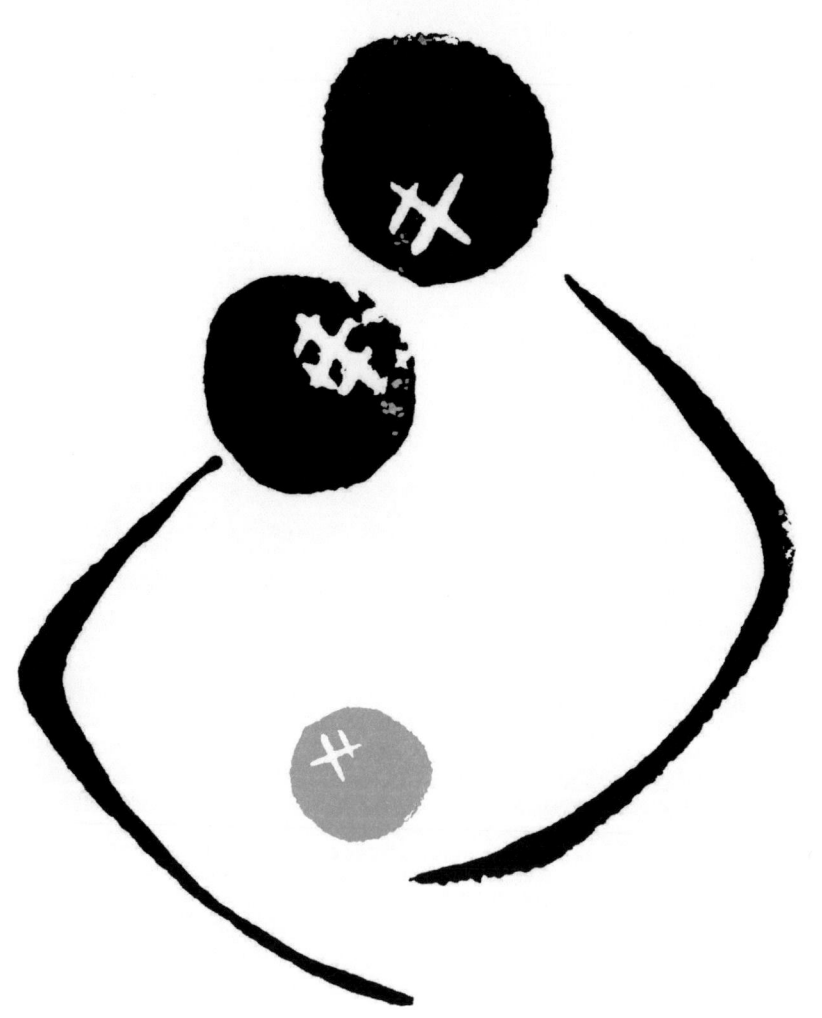

82

Deko

Dekoartikel gehören für mich zu einem gemütlichen Zuhause einfach dazu. Natürlich kann man diese in allen Varianten kaufen.
Aber individueller wird es mit Flohmarktfunden, die etwas angepasst werden, alten Marmeladen oder Joghurtgläsern, die beklebt werden oder eigenen Bildern oder Collagen, die perfekt zu den restlichen Farben im Wohnraum passen.

## Hängevasen

Material

- Bänder und Borten
- Heißklebepistole
- kleine Altglasflaschen z.B. von Kosmetika

### 1. Schritt

Altglas gut ausspülen und die Etiketten entfernen.
Die Bänder in der gewünschten Länge zuschneiden. Besonders schön sieht es aus, wenn mehrere gleiche Flaschen in unterschiedlicher Höhe aufgehängt werden.

### 2. Schritt

Das Band wird in der gewünschten Länge einmal geknotet und mit etwas Heißkleber am Flaschenhals fixiert. Die überstehenden Längen werden mehrmals um den Flaschenhals geschlungen und mit einem Knoten fixiert. Zur zusätzlichen Sicherheit kann man das Band noch mit Heißkleber befestigen.

## Windlichter und Vasen mit Wiener Geflecht

Material

- Reststücke vom Wiener Geflecht
- Bänder und Borten
- Heißklebepistole
- Altglas (Gurkengläser, Joghurtgläser, Flaschen)

1. Schritt
Altglas gut ausspülen und die Etiketten entfernen.
Das Wiener Geflecht wird in Länge und Breite passend zugeschnitten.

## 2. Schritt

An einer Seite beginnend wird das Geflecht mit der Heißklebepistole um das Gefäß geklebt und am Ende fixiert. Die Klebekante kann mit einem Band oder einem schmalen Streifen Holzfurnier überdeckt werden, man kann sie aber auch einfach sichtbar lassen.

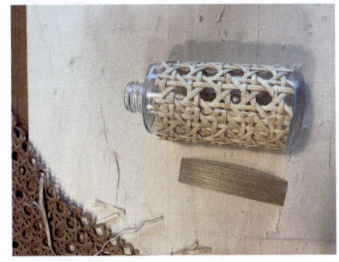

## 3. Schritt

Ober- und Unterkante des Geflechts werden nach Wunsch gestaltet. Ob mehrfach mit einer Kordel umwickelt, mit einer Spitzenborte dekoriert oder ganz ohne Dekor, der Fantasie sind hier keine Grenzen gesetzt.

# Kerzenschale

Material

- alte Holzschale
- Fräsaufsatz für den Akkuschrauber und Holzraspel
- Schleifmaschine
- Schleifpapier
- Spachtelmasse und Farbe
- Rohrmuffe

1. Schritt

Die Holzschale mit dem Kerzenhalter in der Mitte stammt aus einem Nachlass. So grob wie sie gearbeitet war, kam für mich das schöne Holz nicht wirklich zur Geltung und sie passte stilistisch hier nicht rein.  Also beschloss ich, sie anzupassen.

Zuerst habe ich die Schale außen und innen geglättet. Außen mit der Raspel und im Anschluss mit der Schleifmaschine, innen zuerst mit einem Fräsaufsatz auf dem Akkuschrauber, danach mit gebogenen Raspeln.

## 2. Schritt

Nachdem ich festgestellt habe, dass mit das Werkzeug fehlt, um das Innere der Schale wirklich glatt zu bekommen, habe ich mich dazu entschlossen, die Oberfläche anders zu gestalten. Die Spachtelmasse wurde so glatt wie möglich aufgetragen und nach der Trocknung geschmirgelt. Im Anschluss daran wurde sie mit einem Schwamm in Wandfarbe betupft.

## 3. Schritt

Da das Loch für die Kerze ein paar Millimeter zu groß war und die Kerzen immer kippten, habe ich eine Rohrmuffe, deren Innendurchmesser genau für handelsübliche Stabkerzen passt, eingearbeitet. Dazu habe ich das Loch mit dem Fräser soweit vergrößert, dass die Muffe bündig sitzt und sie mit Bastelkleber eingeklebt.
Ganz zum Schluss wurde die Schale außen geölt und innen mit Klarlack versiegelt

## Reagenzglasvase

Material

- Reagenzgläser
- Forstnerbohrer D = 22 mm
- Altholzbalken
- Farbe nach Wunsch

Von einigen zerlegten Paletten hatte ich Holzbalkenstücke übrig, die viel zu schade zum verfeuern sind. Gerade durch ihre rohe Oberfläche eignen sie sich für viele Projekte. Hier dienen die als Träger für die Reagenzgläser, die ich von einem Schulumbau erhalten hatte.

1. Schritt

Die Anzahl und Position der Gläser wird festgelegt (ich habe mich hier ein bisschen an der Löchern orientiert, die ohnehin schon von den Nägeln vorhanden waren), dann werden die Löcher mit dem Forstnerbohrer nacheinander gebohrt. Ich wollte die Gläser unterschiedlich hoch haben, also haben die Löcher unterschiedliche Tiefen.

## 2. Schritt
Als alle Löcher gebohrt waren, habe ich den Holzblock von oben mit einem Malerkrepp umklebt und mit mintfarbener Kreidefarbe bemalt. Das Malerkrepp wird abgezogen, solange die Farbe noch feucht ist, im Anschluss wird die Trocknungszeit abgewartet.

## 3. Schritt
Will man eine Kerze einfügen, so kann man nach belieben auch noch eine Rohrmuffe einsetzen (natürlich kann man auch Kerzentüllen kaufen und einbauen.) Auch schmalere Löcher für Trockenblumen sind dazwischen möglich.

# Memoboard

Material

- Bilderrahmen
- Reststück Tapete
- Reststück Wiener Geflecht
- Schrauben
- Schnur und Holzklammern
- Leisten

Bilderrahmen, bei denen das Glas kaputt gegangen ist eignen sich immer noch für DIY Projekte.
Hier baue ich aus einem gerade Holzrahmen ein Memoboard.

1. Schritt
Das Tapetenstück wird auf die Größe der Rückwand zugeschnitten und mit doppelseitigem Klebeband befestigt. Mit unterschiedlich großen Kreisen in unterschiedlichen Farben wird die Tapete bemalt.

## 2. Schritt

Aus den Leisten wird ein Rechteck gebaut und verleimt (Breite Rechteck = Rahmenbreite). Es wird gestrichen und vorn der Rückseite mit Wiener Geflecht bespannt. Danach wird es auf den Rahmen geleimt.

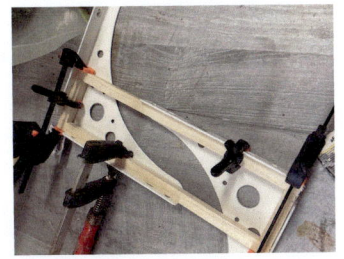

## 3. Schritt

Mehrere kurze Schrauben werden von Außen in den Rahmen gebohrt. An ihnen wird eine Schnur gespannt, oben zum aufhängen über den Rahmen, dann im Zickzack mehrmals über die Vorderseite.
Mit Klammern kann man hier später Bilder oder Merkzettel befestigen.

# Wandbild aus Sperrholz

Material

- Sperrholz(reste)
- Farbtester Wandfarben
- Holzstäbchen
- Holzleim
- Holzsäge (Laubsäge oder Stichsäge)
- Klemmen
- Schmirgelpapier

Noch ein Projekt für Bilderrahmen ohne Glas. Die 3D Bilder werden gerade sehr oft gebaut, meist in monochromer Farbgebung, ich wollte es aber in Rot/Orangetönen haben, die bei mir besser an die Wand passen. Wichtig bei dieser Art Bild ist es, mit unterschiedlichen Höhen zu arbeiten, entsprechend müssen manche Partien noch mit klenen Reststücken Holz unterfüttert werden, damit ein schwebender Eindruck entsteht.

## 1. Schritt
Die Rückwand des Bilderrahmens wird mit Dispersionsfarbe gestrichen. Die Formen werden nach Entwurf ausgesägt und die Kanten geschmirgelt. Im Anschluss werden die einzelnen Elemente in der gewünschten Farbe gestrichen.

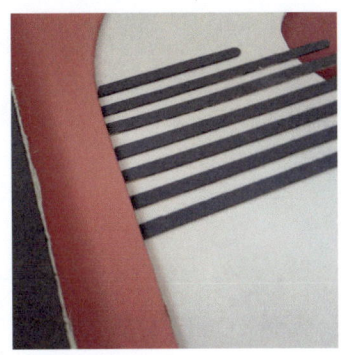

## 2. Schritt
Nachdem die Elemente getrocknet sind, werden sie nach Entwurf angeordnet, Schicht für Schicht verleimt und mit den Klemmen über die Trocknungsphase fixiert.

## Tuschezeichnung Bambus

Material

- Sperrholz(reste)
- Aquarellpapier
- Pinsel
- Wasser
- Tusche oder andere flüssige Farbe

Mich faszinieren seit jeher Tuschezeichnungen im asiatischen Stil. Wem es auch so geht, hier ist eine kleine Anleitung, wie man so eine Zeichnung ganz leicht selbst machen kann.
Wer nicht extra Tusche kaufen möchte – mit stark gebrühtem Kaffee kann man so eine Zeichnung auch erstellen, das gibt einen wunderschönen nostalgischen Sepiaton.

1. Schritt
Das Bild hier soll ohne Rahmen auf ein Reststück Pressspan aufgezogen aufgestellt werden. Das Maß der Platte wird auf das Papier übertragen. Innerhalb dieses Rahmens wird der Bambus skizziert, ganz fein mit einem wasservermalbaren Bleistift (es genügt nur kurz die Lage der Stengel und Blätter festzulegen. Wer sich traut, malt

ohne Skizze)

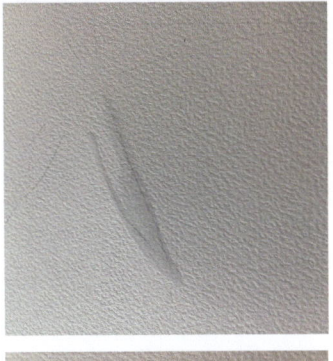

## 2. Schritt

Die Blätter und Segmente der Stengel werden nach und nach auf das Papier gebracht. Hierzu wird zuerst die Form mit Wasser aufgezeichnet und danach mit dem Pinsel etwas Tusche in die Wasserfläche getan. Durch die osmotische Wirkung verteilt sich die Farbe in der gewässerten Form und gibt dem Bild die typische Tuscheoptik.

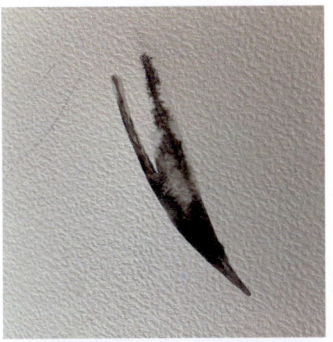

## 3. Schritt

Das Pressspan wird am Rand in der Wandfarbe gestrichen (es geht auch gut, eine Kontrastfarbe zu nehmen, je nachdem, wie man die Umrandung haben will.) Das Papier wird in Form gebracht, indem man die Kanten mit Wasser bestreicht und über ein Lineal entlang abreißt. Dadurch entsteht eine raue Kante, die hier gewollt ist. Das Papier wird jetzt auf das Holz geklebt.

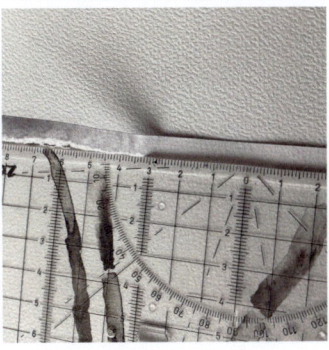

## Kerzenhalter

Material

- Glasuntersetzer
- kleine Gläser
- 2-Komponenten-Kleber glasklar

Aus einem Nachlass hatten wir ein Dutzend Bleikristallglasuntersetzer. Trotz Holztisch benutzen wir so etwas einfach nicht. Aber der Durchmesser passt perfekt für Blockkerzen. Also kam mir die Idee, Kerzenhalter daraus zu machen.

1. Schritt
Kleine Gläschen von Dessert oder ähnlichem sammeln und gut ausspülen. (Ich habe hier noch eine Teelichtglas und ein Glasschälchen verwendet, von dem der Deckel kaputt gegangen war.) Auch die Untersetzer werden nochmal gespült und dadurch vor allem entfettet.

## 2. Schritt

Mit dem 2-Komponenten-Kleber werden jeweils ein Glas und ein Untersetzer zusammengeklebt. Zum Trocknen des Klebers habe ich die Teile verdreht herum aufeinander gestellt. Man kann noch zusätzlich das untere Glas beschweren.

## 3. Schritt

Nach dem Trocknen sind die Kerzenhalter bereit für den Einsatz!

# Inhaltsverzeichnis

## Möbel

Seite   6 - 7        Antiker Stuhl

Seite   8 - 10       Stuhl polstern

Seite 11 - 13        Wiener Geflecht erneuern Idee 1

Seite 14 - 17        Wiener Geflecht erneuern Idee 2

Seite 18 - 19        Herrensessel aufarbeiten

Seite 20 - 23        Stuhl leimen

Seite 24 - 25        Stuhl streichen und Sitzfläche polstern

Seite 26 - 27        Bilderleiste oder Kleinteilregal

Seite 28 - 31        Gästegarderobe

Seite 32 - 35        Bank aus Kellerregal

Seite 36 - 37        Häuschenregal

Seite 38 - 39        Nierentisch reparieren

Seite 40 - 41        Restholzregal

Seite 42 - 43        Betthaupt

Stuhl umgestalten                    Seite 44 - 45


**Textil**

Seitliche Eingrifftasche             Seite 50 - 51

Seitliche Eingrifftasche mit Paspel  Seite 52 - 53

Bund enger nähen                     Seite 54 - 55

Hose flicken und applizieren         Seite 56 - 57

Hose kürzen in der Naht              Seite 58

Hose kürzen                          Seite 59

Rucksack aus alten Jeans             Seite 60 - 63

Umhängetasche                        Seite 64 - 65

Rucksack Nummer 2                    Seite 66 - 68

Schlüsselanhänger                    Seite 69

Seite 70            Scrunchie

Seite 71            Kissen

Seite 72 - 73       Turnbeutel

Seite 74 - 75       Shirt pimpen mit Siebdrucks

Seite 76 - 77       Druck ergänzen mit Applikationen

Seite 78 - 83       Druckvorlagen

## Deko

Seite 85            Hängevasen

Seite 86 - 87       Windlichter und Vasen mit Wiener
                   Geflecht

Seite 88 - 89       Kerzenschale

Seite 90 - 91       Reagenzglasvase

Seite 92 - 93       Memoboard

| | |
|---|---|
| Wandbild aus Sperrholz | Seite 94 - 95 |
| Tuschezeichnung Bambus | Seite 96 - 97 |
| Kerzenhalter | Seite 98 - 99 |

Zum Schluss möchte ich Danke sagen. Meiner Familie und meinen Freunden, die mich unterstützen, Feedback geben und nicht zuletzt aushalten, dass manchmal eine Idee sofort umgesetzt werden muss und anderes dafür zu warten hat.

Neugierig geworden?
Hier kommt ihr zu meinem Instagramaccount, hier wird es immer wieder neue Projekte geben und wer weiß, vielleicht ja auch mal ein zweites Buch, das erfährt man dann hier.
Wir sehen uns!